Sabine Baumgartner

Lernzirkel
Lernen lernen

Einfach und schnell
effektive Lernstrategien trainieren
in der Sekundarstufe I

D1731736

Inhalt

■ Vorwort 3

■ **Der Lernzirkel** 5

   Die Arbeit mit dem Lernzirkel 7

   Die Durchführung des Lernzirkels 7

   Materialien 8

■ **Lernzirkel Hausaufgaben** 13

■ **Lernzirkel Arbeitsplatz – Schultasche** 31

■ **Lernzirkel Konzentration – Entspannung** 49

■ **Lernzirkel Gedächtnisförderung** 69

■ Literaturtipps 88

Vorwort

„Erzähle mir – und ich vergesse.
Zeige mir – und ich erinnere.
Lass es mich tun – und ich verstehe."
Konfuzius

Das Thema „Lernen lernen" ist den meisten Pädagogen, auch Schülern und Eltern nicht mehr unbekannt. Dennoch zeigt uns der Schulalltag, dass die wenigsten Schüler über effektive Lernstrategien verfügen. Nicht selten bleibt der erhoffte Lernerfolg trotz hohem Zeitaufwand aus. Frustration ist die Folge und Lernen wird von Schülern als Stress empfunden. Falsches Lernen und mangelnde Lernorganisation haben eine demotivierende Wirkung und verursachen Angst.

Dieses Buch soll Sie dabei unterstützen, Ihre Schüler neu zu motivieren. Erst die Einsicht „Ich kann lernen" bietet eine Basis für erfolgreiches Lernen.

Die Kombination des Themas „Lernen lernen" mit der Unterrichtsform des Lernzirkels fordert von Ihren Schülern eine hohe Zahl unterschiedlicher Arbeitsweisen und den Einsatz zahlreicher Materialien, was die Methodenkompetenz steigert und durch große Abwechslung höchst motivierend wirkt. Dieses Arbeitsbuch enthält folgende Themenschwerpunkte mit dazu konzipierten Lernzirkeln:

- Lernorganisation
- Lerntyp / Lernen mit allen Sinnen
- Konzentration
- Entspannung
- Gedächtnisförderung
- Prüfungsangst

Ein theoretischer Teil führt Sie schrittweise in die eben genannten Themenschwerpunkte ein. Die einzelnen Stationen des Lernzirkels werden für eine gelungene Durchführung detailliert beschrieben und pädagogisch begründet. Alle Arbeitsmaterialien sind als Kopiervorlagen vorhanden.

Sollten sic also die Unterrichtsform des Lernzirkels noch nicht in Ihrem Unterricht eingesetzt haben, stellt das kein Problem dar! Mit dem Lernzirkel „Lernen lernen" bieten Sie Ihren Schülern die Möglichkeit, auf spielerische Weise zu erfahren, wie man richtig lernt. Sie erhalten Aufschluss über ihren eigenen Lerntyp und über effektive Lernwege, lernen den Zusammenhang zwischen Konzentration und Entspannung kennen und erhalten Tipps für das häusliche Lernen und die Prüfungsvorbereitung.

Ihre Schüler werden es Ihnen danken!
Viel Spaß beim Ausprobieren wünschen Ihnen
Sabine Baumgartner und das *CARE-LINE Team*

Der Lernzirkel

Der Lernzirkel

Die Lernzirkel-Arbeit ist eine Form des offenen Unterrichts und stellt den Schüler in den Mittelpunkt des Unterrichtsgeschehens. Im normalen Schulalltag stehen jedoch immer noch der Lehrervortrag und die Stoffvermittlung mit Hilfe von Texten im Vordergrund. Das bedeutet, dass der Lernzugang ausschließlich über die Sinneswahrnehmungen „Hören" (Ohr) und „Sehen" (Auge) erfolgt. Wird nun aber ein Lernzirkel in das Unterrichtsgeschehen integriert, sind dadurch vielfältige Methoden einsetzbar, die ein Lernen mit allen Sinnen ermöglichen und den Unterricht ganzheitlich gestalten.

Abgesehen von unserem Thema „Lernen lernen" fördert die Methode des Lernzirkels selbst das Lernen des Lernens, was eine Verknüpfung sehr sinnvoll macht. Durch die heutige Informationsflut wird die bloße Wissensspeicherung in den Hintergrund gerückt. Deshalb brauchen die Schüler Methoden und Techniken, um zu wissen, wie sie effektiv lernen können. Erst dann wird das erworbene Wissen gefestigt und ist auch langfristig abrufbar.

Durch die Arbeit an verschiedenen Stationen werden die einzelnen Inhalte des Themas in überschaubare Bereiche gegliedert, die auf diese Art und Weise für den Schüler leicht zu bewältigen sind. Ein gesamter Lernzirkel zeigt Ihren Schülern Zusammenhänge innerhalb des jeweiligen Themas auf und ermöglicht so vernetztes Lernen.

Die Lernstationen verlangen verschiedene Sozialformen wie Einzelarbeit, Partner- und Gruppenarbeit. Diese Form des Arbeitens bietet abwechslungsreiches und soziales Lernen und fördert somit Diskussionsfähigkeit, Kooperation, Kompromissbereitschaft und Teamfähigkeit.

In der Methodenvielfalt des Lernzirkels werden unter anderem auch spielpädagogische Elemente berücksichtigt. Durch Rollen- oder Lernspiele werden Schüler neu motiviert und zu einer aktiven Mitarbeit angeregt.

Auf den folgenden Seiten finden Sie Hinweise zur optimalen Organisation und Durchführung eines Lernzirkels, sowie Kopiervorlagen mit Verhaltensregeln für die Schüler, Nummernkärtchen für die Stationen und die zugehörigen Lösungen und einen Laufzettel, der es den Schülern erleichtert den Überblick zu behalten.

Die Arbeit mit dem Lernzirkel

Um effektiv mit dem Lernzirkel arbeiten zu können ist es notwendig, im Vorfeld die Schüler mit den neuen Arbeitsweisen vertraut zu machen. Zu berücksichtigen ist, inwieweit Ihre Schüler bereits an selbständiges Arbeiten gewohnt sind und über welche Methoden sie verfügen. Hilfreich für eine erfolgreiche Durchführung ist die Vereinbarung von Verhaltensregeln mit Ihren Schülern.

Die Hauptaufgabe des Lehrers besteht in der Bereitstellung des Arbeitsmaterials. In diesem Arbeitsheft wird Ihnen eine Vielzahl von Materialien angeboten, die unterschiedliche Sozialformen und Arbeitsmethoden bieten. Die Aufgaben sind für die Sekundarstufe I altersangemessen, verständlich und motivierend gestaltet, sodass sie einen hohen Aufforderungscharakter für Ihre Schüler besitzen und eine höchstmögliche Erfolgssicherung gewährleisten. Somit können Ihre Schüler nach einer Einführung weitgehend selbständig und lehrerunabhängig arbeiten; der Lehrer dient „nur" noch als Berater.

Die Durchführung des Lernzirkels

Die Arbeitsmaterialen sollten der Schüleranzahl entsprechend und möglichst zentral im Klassenzimmer bereitgestellt werden. Die einzelnen Stationen werden durch einen Schuhkarton dargestellt und durch aufgeklebte Nummernzettel gekennzeichnet. Zu jeder Lernstation gibt es eine zugehörige Lösungsstation. Die Aufbewahrungshilfen werden ebenfalls nummeriert. Hier ist es nicht nötig, die Lösungszettel in Klassenstärke bereitzustellen, vier Ausführungen dürften genügen.

Zu Beginn eines Lernzirkels gibt es für Ihre Schüler meist eine sogenannte „Pflichtstation", mit der sie beginnen müssen. Auf diese Art und Weise wird allen Schülern eine Einführung in das jeweilige Thema ermöglicht und sie erhalten die gleiche Ausgangsbasis. Die nachfolgenden Stationen sind so konzipiert, dass sie nicht aufeinander aufbauen. So können Ihre Schüler die Reihenfolge der Lernstationen frei wählen. Zur eigenen Kontrolle führt jeder Schüler einen sogenannten „Laufzettel", worauf die bearbeiteten Stationen gekennzeichnet werden. Außerdem haben Ihre Schüler die Möglichkeit eigene Kommentare zu den einzelnen Lernstationen zu notieren. Dies wird bei der Nachbereitung eines Lernzirkels, wie zum Beispiel einer Reflexion, hilfreich sein.

Empfehlen Sie Ihren Schülern während der Lernzirkelarbeit einen Schnellhefter zu führen, in dem alle Arbeiten und Informationsmaterialien geordnet nach Themen eingeheftet werden. Somit entsteht ein selbst erstelltes „Buch" zum Thema „Lernen lernen", das auch nach der Lernzirkelarbeit als Hilfe und Erinnerungsstütze dienen wird.

Verhaltensregeln
Was ich beim Lernzirkel beachten soll!

Ich kann alleine, mit einem Partner oder mit mehreren Schülern zusammenarbeiten.

Ich lese mir die Arbeitsaufträge sorgfältig durch, damit ich sie richtig verstehe.

Ich helfe anderen Mitschülern, wenn ich um Rat gefragt werde.

Wenn ich nicht weiter weiß, frage ich meine Mitschüler.

Wenn ich in der Gruppe oder mit einem Partner arbeite, teilen wir uns die Arbeit gerecht auf.

Ich vergleiche meine Ergebnisse an der Lösungsstation.

Vollständige und kontrollierte Arbeiten hefte ich in meinem Schnellhefter ab.

Ich spreche im Flüsterton!

Nummerierung der Stationen:

Station 1

Station 2

Station 3

Station 4

Station 5

Station 6

Nummerierung der Lösungsstationen:

Lösung 1

Lösung 2

Lösung 3

Lösung 4

Lösung 5

Lösung 6

Laufzettel

Lernzirkel:

erledigt

1. Station: ⭕

Bemerkungen:

2. Station: ⭕

Bemerkungen:

3. Station: ⭕

Bemerkungen:

4. Station: ⭕

Bemerkungen:

5. Station: ⭕

Bemerkungen:

6. Station: ⭕

Bemerkungen:

Tipps und Tricks gegen Prüfungsangst

Ich verschaffe mir rechtzeitig einen
Überblick über den Lernstoff!

Ich erstelle mir einen Lernplan und weiß so,
wann ich was lernen soll!

Ich halte mich an meinen Lernplan!

Einen Tag vor der Prüfung lerne ich nichts
Neues mehr, sondern wiederhole nur
noch kurz!

Am Tag der Prüfung weiß ich,
dass ich viel gelernt habe!

Ich lasse mich von den anderen Mitschülern
nicht aus der Ruhe bringen!

Ich lese mir die Aufgabenstellung
in aller Ruhe durch!

Viel Erfolg!

Lernzirkel
Hausaufgaben

Lernzirkel Hausaufgaben

Immer wieder stöhnen Schüler über viel zu viele Hausaufgaben, was nur in seltenen Fällen wirklich stimmt. Viele Schüler schieben die leidigen Aufgaben so lange vor sich her, bis sie massiv unter Zeitdruck geraten oder die aufgegebenen Arbeiten nicht mehr rechtzeitig anfertigen können. Das schlechte Gefühl wegen nicht erledigter Hausaufgaben trübt die Freude an anderen Aktivitäten. Hier fehlt es meist an einer sinnvollen Zeit- und Arbeitsplanung.

Mit diesem Lernzirkel werden sich Ihre Schüler ihres tatsächlichen Arbeitsverhaltens bei den Hausaufgaben bewusst und erfahren Tipps und Tricks, wie sie diese leichter bewältigen können.

Zum **Einstieg** dient ein Rollenspiel, das zwei Schüler vorspielen. Die Klasse erlebt eine Szene, in der ein Schüler Schwierigkeiten hat, seine Hausaufgaben zu erledigen. Durch den mangelnden Überblick über seine Aufgaben unterliegt er dem Irrtum, dass er diese ganz schnell erledigen könne. Anstatt rechtzeitig mit der Arbeit anzufangen, beschäftigt er sich mit anderen Sachen. Zu spät erkennt der Schüler, dass er nun das vereinbarte Treffen mit seinem Freund nicht einhalten kann. Den Grund dafür sieht er nicht in einer mangelnden Arbeitsplanung, sondern ärgert sich über die vielen Hausaufgaben.

Station 1 gilt als erster Arbeitsauftrag verbindlich, um für jeden Schüler die gleiche Ausgangsbasis zu gewährleisten. Hier erkennen Schüler, dass es sinnvoll ist, den Nachmittag zu planen. Arbeitszeit und Freizeit müssen aufeinander abgestimmt werden, um für beides genug Zeit zu finden. Es erscheint sinnvoll, möglichst früh mit den Hausaufgaben zu beginnen, um anschließend Zeit für Freizeitaktivitäten zu haben. Das schließt aber eine kurze Erholungsphase nach dem Mittagessen nicht aus.

Station 2 dient der Veranschaulichung der eigenen Leistungsfähigkeit. Anhand einer Arbeitsverlaufskurve erkennen die Schüler, dass man leichte und schwierige Hausaufgaben entsprechend einteilen kann um möglichst effektiv zu arbeiten.

In **Station 3** besteht die Aufgabe darin, den Tagesablauf einer Schülerin zu strukturieren. Unter Vorgabe von möglichen Aktivitäten gilt es hier, einen sinnvollen Zeitplan zu erstellen.

Station 4 dient der richtigen Einschätzung von Verhaltensmustern. Vorgegebene Aussagen sollen als „richtiges" oder „falsches" Verhalten in der Hausaufgabensituation bewertet werden.

In **Station 5** steht die Selbsteinschätzung im Vordergrund. Die Schüler beziehen Stellung zu vorgegebenen Aussagen. Hier soll bewusst werden, ob und inwieweit Zeitplanung und Arbeitsverhalten geändert werden müssen.

In **Station 6** besteht die Aufgabe darin, einen eigenen Wochenplan zu erstellen. Voraussetzung ist, dass Sie Ihren Schülern die Hausaufgaben schon für die folgende Woche bekannt geben, damit diese richtig planen können. Im Wochenplan werden sowohl Hausaufgaben als auch Freizeitaktivitäten aufgenommen.

Materialbedarf:

Einstieg:
- Dialog Rollenspiel (Anlage)
- „BRAVO" oder ähnliches Magazin
- Fernseher (bzw. Fernseherattrappe)

Station 1:
- Block, Schreibstift

Station 2:
- Block, Schreibstift
- Schere
- Klebstoff

Station 3:
- Block, Schreibstift

Station 4:
- Block, Schreibstift
- Schere
- Klebstoff

Station 5:
- Block, Schreibstift

Station 6:
- Block, Schreibstift
- eigenes Hausaufgabenheft

Rollenspiel

Zu Beginn des Lernzirkels spielen zwei Schüler der Klasse eine kleine Szene vor. Die restlichen Schüler werden gebeten, aufmerksam zu-zuhören.

2 Rollen: Mutter und Kind (Stefan)

Mutter: Stefan, fang bitte gleich nach dem Essen mit den Hausaufgaben an!

Kind: *(setzt sich lustlos an den Schreibtisch, schaut sich Hefte an und legt sie wieder beiseite, murmelt)*
Bin viel zu müde, um Hausaufgaben zu machen! Mal schauen, was so im Fernsehen läuft.
(schaltet den Fernseher ein)

Mutter: *(kommt ins Zimmer)* Bist du schon fertig mit deinen Hausaufgaben?

Kind: Hab' ja fast nichts auf, mach' ich später.

Mutter: Stefan, du wolltest dich doch um fünf mit dem Markus treffen, da bleibt dir aber nicht mehr viel Zeit. Mach den Fernseher aus und fang endlich an! *(verlässt das Zimmer)*

Kind: Ist ja gut! *(schaltet den Fernseher aus)*
Weiß gar nicht was wir alles aufhaben. Glaub ne Textaufga-be. Versteh ich eh nie, die brauch ich erst gar nicht versu-chen! *(schiebt Heft wieder beiseite, blättert in der „Bravo")*

Mutter: Stefan, es ist halb fünf, du musst gleich los! Bist du fertig?

Kind: Was? Halb fünf? *(blättert hektisch im Hausaufgabenheft)*
Deutsch Aufsatz, Mathe Textaufgabe, Englisch Vokabeln. Oh je, wie soll ich das jemals schaffen? Dem Markus kann ich gleich absagen! Toll! Jetzt kann ich mich nicht mit dem Markus treffen, nur weil wir so viel aufhaben!

Station I

Arbeitsaufträge:

Du hast die Szene bestimmt genau verfolgt. Versuche nun folgende Fragen zu beantworten:

1. Warum kann Stefan deiner Meinung nach die Verabredung mit Markus nicht einhalten?

2. Mit welchen Tipps könntest du Stefan helfen?

3. Was könnte Stefan gegen die Müdigkeit nach dem Mittagessen tun?

Lösung (Station I)

Hier sind einige Lösungsvorschläge für dich. Falls du andere Lösungen gefunden hast, können sie auch richtig sein! Versuche dies im Gespräch mit deinen Mitschülern zu klären.

1. Stefan kann die Verabredung mit Markus nicht einhalten, weil er nicht rechtzeitig mit seinen Hausaufgaben anfängt. Ständig ist er mit anderen Dingen beschäftigt und achtet nicht auf die Uhrzeit. Zu spät entdeckt er in seinem Hausaufgabenheft, was alles zu erledigen ist.

2. Stefan sollte zuallererst in sein Hausaufgabenheft schauen. Nur so weiß er, was alles zu erledigen ist. Nun kann er sich einen Plan für den Nachmittag erstellen, wann er was machen möchte. Am besten wäre es, die Hausaufgaben so schnell wie möglich zu erledigen, damit er sich anschließend ohne schlechtes Gewissen mit seinem Freund Markus treffen kann.

3. Nach dem Mittagessen ist man oft müde und möchte noch nicht gleich mit den Hausaufgaben beginnen. Stefan könnte eine halbe Stunde dösen, spazieren gehen, Musik hören, entspannen oder einfach zehn Kniebeugen machen. Wichtig ist nur, dass er keine zu lange Pause einlegt, sondern dann mit den Aufgaben beginnt.

Station 2

Hier kannst du deine eigene Leistungsfähigkeit erkennen.

1. Schneide die Wortschnipsel aus und ordne sie je nach Verlauf der Leistungskurve zu!

2. Die Kurve ist in drei Abschnitte unterteilt. Beschreibe den Verlauf der Kurve in jedem Abschnitt und erkläre! Die Wortschnipsel helfen dir dabei!

3. Du hast leichte und schwere Hausaufgaben zu erledigen. Wann solltest du welche Aufgaben in Angriff nehmen?

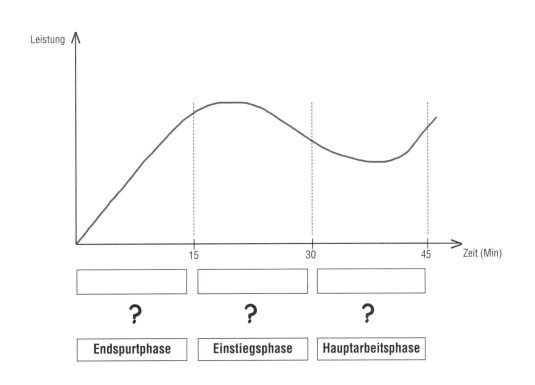

Lösung (Station 2)

1.

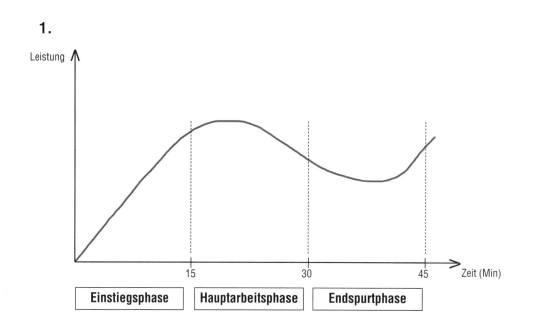

Leistung

15   30   45   Zeit (Min)

| Einstiegsphase | Hauptarbeitsphase | Endspurtphase |

2. In den ersten 15 Minuten befindet man sich in der Einstiegsphase. Hier steigt die Leistungsfähigkeit stetig an.

In der Hauptarbeitsphase, die nach 15 Minuten beginnt, ist die Leistungsfähigkeit am höchsten.

In der Endspurtphase lässt die Leistungsfähigkeit deutlich nach, zum Schluss steigt sie noch einmal an.

3. Anfangs solltest du mit einer leichten Hausaufgabe beginnen. In der Hauptarbeitsphase ist es ratsam, die schwierigsten Aufgaben zu bewältigen. Gegen Ende erledigst du wieder leichtere Aufgaben, um am Schluss noch eine schwierigere zu schaffen.

Station 3

Heute ist Dienstag. Es ist 14.00 Uhr und Lisa ist gerade mit dem Mittagessen fertig. Sie ist müde und würde am liebsten ein bisschen entspannen. Über ihrem Schreibtisch hat Lisa eine Pinnwand gehängt, wo sie alle Termine für den heutigen Tag gesammelt hat. Lisa hat so viel zu tun, dass sie gar nicht weiß, womit sie anfangen soll.

Arbeitsauftrag: Du kannst Lisa bestimmt helfen. Erstelle einen Zeitplan von 14.00 – 21.00 Uhr. Die Merkzettel an der Pinnwand helfen dir dabei. Lisa kann bestimmt nicht alles erledigen, wähle aus was für dich wichtig ist. Denke auch an Pausen und Freizeit!

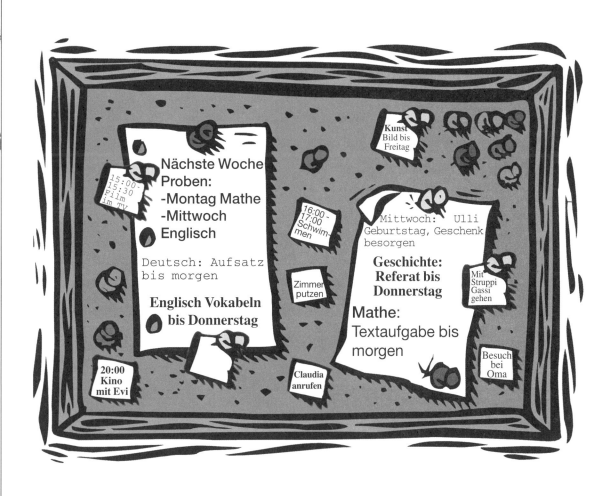

Zeitplan für Lisa

14.00	
14.30	
15.00	
15.30	
16.00	
16.30	
17.00	
17.30	
18.00	
18.30	
19.00	
19.30	
20.00	
20.30	
21.00	

Lösungsvorschlag

14.00	Zimmer putzen
14.30	Mathe: Textaufgabe
15.00	Gassi gehen mit Struppi
15.30	Geschichte: Referat beginnen
16.00	Schwimmtraining
16.30	Schwimmtraining
17.00	Geschenk für Uli besorgen
17.30	Deutsch Aufsatz
18.00	Deutsch Aufsatz
18.30	Anruf bei Claudia
19.00	Abendessen
19.30	Englisch Vokabeln
20.00	
20.30	Kino mit Evi
21.00	

Auch andere Lösungsvorschläge können richtig sein!

Station 4

Hier ist deine Meinung gefragt!

Arbeitsauftrag: Entscheide dich, ob du folgende Aussagen als richtig oder falsch bewertest. Schneide die Sätze aus und klebe sie in das dafür vorgesehene Kästchen!

Ich erledige meine Hausaufgaben so schnell wie möglich!

Wenn ich meine Hausaufgaben mache, lasse ich nebenbei den Fernseher laufen!

Mir ist es wichtig, dass ich meine Aufgaben richtig mache!

Ich brauche zwischendurch kleine Erholungspausen!

Während der Hausaufgaben möchte ich nicht gestört werden!

Erst Freunde, dann Hausaufgaben!

Ich kann meine Hausaufgaben auch morgens erledigen!

Ich mache mir einen Zeitplan für den Nachmittag!

Ich mache nur das, was mir gefällt!

Mit Musik fällt mir alles leichter!

Wenn ich mit einer Aufgabe fertig bin, kontrolliere ich meine Lösung!

Es ist doch egal, mit welcher Hausaufgabe ich anfange!

Damit meine Hausaufgaben abwechslungsreich sind, wechsle ich zwischen mündlichen und schriftlichen Aufgaben ab!

Das finde ich richtig:

Das finde ich falsch:

Lösung (Station 4)

Das finde ich richtig:

Ich erledige meine Hausaufgaben so schnell wie möglich!

Mir ist es wichtig, dass ich meine Aufgaben richtig mache!

Ich brauche zwischendurch kleine Erholungspausen!

Während der Hausaufgaben möchte ich nicht gestört werden!

Ich mache mir einen Zeitplan für den Nachmittag!

Wenn ich mit einer Aufgabe fertig bin, kontrolliere ich meine Lösung!

Damit meine Hausaufgaben abwechslungsreich sind, wechsle ich zwischen mündlichen und schriftlichen Aufgaben ab!

Das finde ich falsch:

Wenn ich meine Hausaufgaben mache, lasse ich nebenbei den Fernseher laufen!

Erst Freunde, dann Hausaufgaben!

Ich kann meine Hausaufgaben auch morgens erledigen!

Ich mache nur das, was mir gefällt!

Mit Musik fällt mir alles leichter!

Es ist doch egal, mit welcher Hausaufgabe ich anfange!

Station 5

Hier geht es darum, dass du dich selbst gut einschätzen kannst!

Arbeitsaufträge:

1. Bewerte durch Ankreuzen die auf dem nächsten Blatt stehenden Aussagen!

2. Kontrolliere, wo du deiner Meinung nach an deiner Arbeitsweise noch etwas verändern musst, und markiere die betreffenden Punkte grün!

3. Überlege dir für die grün markierten Sätze Verbesserungsvorschläge, wie du besser arbeiten könntest!

Fragebogen

| | STIMMT | | |
	meistens	manchmal	nie
Ich erledige regelmäßig meine Hausaufgaben.	◯	◯	◯
Ich lasse mich bei den Hausaufgaben durch nichts ablenken.	◯	◯	◯
Zum Lernen nehme ich mir ausreichend Zeit.	◯	◯	◯
Für Proben fange ich frühzeitig an zu lernen.	◯	◯	◯
Ich mache mir einen Zeitplan für den Nachmittag.	◯	◯	◯
Mit den Hausaufgaben fange ich so schnell wie möglich an.	◯	◯	◯
Wenn ich etwas nicht verstanden habe, lese ich es mir noch einmal durch.	◯	◯	◯
Ich gönne mir kurze Erholungspausen zwischendurch.	◯	◯	◯
Zum Einstieg wähle ich eine leichtere Aufgabe, danach die schweren.	◯	◯	◯
Ich halte durch, bis ich mit meinen Aufgaben fertig bin.	◯	◯	◯

Verbesserungsvorschläge:

Station 6

Arbeitsauftrag:

Erstelle deinen eigenen Wochenplan für die kommende Woche! Nimm dein Hausaufgaben- heft zu Hilfe, damit du keinen wichtigen Termin übersiehst. Deine Freizeitaktivitäten sollen eben- falls geplant werden. Denke auch an kurze Erho- lungspausen zwischendurch!

Mein Wochenplan

Uhrzeit	Montag	Dienstag	Mittwoch	Donnerstag	Freitag
14.00					
14.30					
15.00					
15.30					
16.00					
16.30					
17.00					
17.30					
18.00					
18.30					
19.00					
19.30					
20.00					
20.30					
21.00					

Lernzirkel
Arbeitsplatz
Schultasche

Lernzirkel Arbeitsplatz – Schultasche

Wer kennt das nicht: Chaos am Arbeitsplatz und der Schulranzen quillt über. Hat man sich dann an seinem Schreibtisch irgendwie Platz geschaffen, wird man ständig bei seiner Arbeit unterbrochen und gestört. Wie soll man so vernünftig arbeiten können?

Mit diesem Lernzirkel sollen Ihre Schüler begreifen, dass ein fester und ordentlicher Arbeitsplatz Grundvoraussetzung für ein konzentriertes und effektives Arbeiten zu Hause ist. Unnötiges Suchen nach Arbeitsmaterialien soll damit unterbunden werden.

Auch in der Schultasche sollte Ordnung herrschen. Das Packen der am nächsten Tag benötigten Bücher und Hefte sollte täglich den Abschluss der Hausaufgaben bilden.

Station 1 dient einer Bestandsaufnahme der Faktoren, die das tägliche Lernen und Arbeiten behindern. Ihre Schüler markieren die individuellen Störfaktoren und finden Verbesserungsvorschläge um sie zu beseitigen.

Station 2 bietet die Möglichkeit ein eigenes doppelseitiges Türschild zu basteln. Während der Hausaufgaben soll so Familienmitgliedern signalisiert werden, dass Störungen nicht erwünscht sind.

In **Station 3** erfahren Ihre Schüler, wie sie ihren Arbeitsplatz lernfreundlich gestalten können. Vorgegebene Wortbausteine sollen in einen Lückentext eingefügt werden.

Station 4 bietet einen Schultaschen-Check. Jeder Schüler hat die Aufgabe seine eigene Schultasche auf dem Tisch auszuräumen. Anschließend trägt er auf einer Liste ein, welche Sachen er für den heutigen Tag wirklich benötigt und welche nicht.

Station 5 stellt einen überfüllten Schreibtisch dar. Die Schüler werden angehalten, den Arbeitsplatz von unnützen Dingen zu befreien und so für Ordnung zu sorgen.

In **Station 6** steht der eigene Arbeitsplatz im Vordergrund. Jeder Schüler überlegt, wie er seinen Schreibtisch gestalten möchte, welche Materialien er täglich zur Verfügung haben muss und welche Dinge überflüssig sind.

Materialbedarf:

Station 1: • Block, Schreibstift

Station 2: • Schere
- Klebstoff
- Farbstifte
- Pappe
- Schnur

Station 3: • Schere
- Klebstoff

Station 4: • Block, Schreibstift
- eigene Schultasche

Station 5: • Block, Schreibstift
- Lineal

Station I

Bestimmt wirst du manchmal beim Arbeiten oder Lernen zu Hause gestört. Hier kannst du herausfinden, woran das liegt.

Arbeitsauftrag: Bearbeite das Arbeitsblatt! In den Spalten, in denen du „stimmt" angekreuzt hast, sollst du deine eigenen Ideen für Verbesserungen daneben schreiben!

Störungen	STIMMT	STIMMT NICHT	Eigene Ideen
Das Telefon klingelt oft.	◯	◯	
Ich werde von meinen Geschwistern gestört.	◯	◯	
Ich teile mir mein Zimmer mit …?	◯	◯	
Der Lärm draußen nervt mich!	◯	◯	
Auf meinem Schreibtisch stapeln sich die Sachen.	◯	◯	
Ständig kommt jemand zu mir ins Zimmer.	◯	◯	
Ich schalte öfters den Fernseher an.	◯	◯	
Ich habe oft keine Lust mehr und höre auf.	◯	◯	
Oft möchte ich viel lieber…	◯	◯	

Lösung (Station I)

Störungen	STIMMT	STIMMT NICHT	Eigene Ideen
Das Telefon klingelt oft.	◯	◯	Ich stelle den Klingelton auf leise oder das Telefon aus.
Ich werde von meinen Geschwistern gestört.	◯	◯	Zimmertür zu mit Schild „Bitte nicht stören!"
Ich teile mir mein Zimmer mit …?	◯	◯	Ich suche mir einen Platz, an dem ich Ruhe habe.
Der Lärm draußen nervt mich!	◯	◯	Vor dem Lernen lüften, dann Fenster schließen.
Auf meinem Schreibtisch stapeln sich die Sachen.	◯	◯	Schreibtisch nach dem Lernen immer aufräumen!
Ständig kommt jemand zu mir ins Zimmer.	◯	◯	Türschild „Bitte nicht stören!"
Ich schalte öfters den Fernseher an.	◯	◯	Stecker raus!
Ich habe oft keine Lust mehr und höre auf.	◯	◯	Ich lege eine kurze Pause ein und lerne dann weiter.
Oft möchte ich viel lieber…	◯	◯	Ich belohne mich kurz und lerne dann weiter.

Auch andere Lösungsvorschläge können richtig sein!

Station 2

Hier kannst du dir dein eigenes Türschild basteln! Bist du gerade mit dem Lernen oder den Hausaufgaben beschäftigt, so hängst du dein Schild mit der Seite „Bitte nicht stören!" an deine Tür. Wenn du mit deiner Arbeit fertig bist, kannst du das Schild umdrehen.

Du brauchst: Schere, Klebstoff, Farbstifte/Filzstifte, Pappe, Schnur

Und so geht's: Schneide Vorder- und Rückseite des Schildes aus und klebe einen passenden Kreis aus Pappe dazwischen!

Bohre mit der Schere ein Loch durch den schwarzen Punkt, durch das du dann eine Schnur fädelst.

Nun ist deine Kreativität gefragt! Male ein passendes Bild auf Vorder- und Rückseite deines Schildes!

Mein Türschild (vorderseite)

Hereinspaziert!

Mein Türschild (Rückseite)

Bitte nicht stören!

Station 3

Arbeitsauftrag: Lies dir den Text genau durch! Schneide die Wörter aus und ergänze den Lückentext!

So kann ich am besten lernen!

Bevor ich anfange zu arbeiten, _____

ich mein Zimmer. Mein _____

muss so aufgeräumt sein, dass ich genug _____

habe zum _____. Um bequem sitzen zu

können, brauche ich einen _____

mit _____. Auch die _____

ist von Bedeutung. Damit ich gut sehen kann,

brauche ich eine _____, die _____

leuchtet. Um nicht lange suchen zu müssen, habe ich

mein _____ und mein _____

griffbereit auf meinem Schreibtisch. Zwischendurch

mache ich regelmäßig _____,

um mich wieder besser konzentrieren zu können.

Textbausteine

Stuhl	kurze Pausen
Schreibzeug	Schreibtisch
Platz	Lampe
Lernen	Sitzhöhe
Lehne	Arbeitsmaterial
lüfte	hell

Lösung (Station 3)

So kann ich am besten lernen!

Bevor ich anfange zu arbeiten, __lüfte__ ich mein Zimmer. Mein __Schreibtisch__ muss so aufgeräumt sein, dass ich genug __Platz__ habe zum __Lernen__. Um bequem sitzen zu können, brauche ich einen __Stuhl__ mit __Lehne__. Auch die __Sitzhöhe__ ist von Bedeutung. Damit ich gut sehen kann, brauche ich eine __Lampe__, die __hell__ leuchtet. Um nicht lange suchen zu müssen, habe ich mein __Arbeitsmaterial__ und mein __Schreibzeug__ griffbereit auf meinem Schreibtisch. Zwischendurch mache ich regelmäßig __kurze Pausen__, um mich wieder besser konzentrieren zu können.

Station 4

Nicht nur am Arbeitsplatz, sondern auch in deiner Schultasche ist es wichtig, Ordnung zu halten. So kannst du leichter überprüfen, ob du alle wichtigen Materialien eingepackt hast und musst nicht mehr schleppen, als unbedingt nötig!

Arbeitsauftrag: Leere deine Schultasche komplett auf deiner Bank aus und notiere in der Liste, welche Dinge du für den heutigen Tag brauchst und welche nicht.

Überlege dir Tipps für eine Verbesserung!

Meine Schultasche

Was ich heute brauche!	Was ich heute nicht brauche!

Meine Tipps:

Lösung (Meine Schultasche)

Was ich heute brauche!	Was ich heute nicht brauche!

Hier hängt die Lösung natürlich vom jeweiligen Stundenplan ab!

Meine Tipps:

Ich packe meine Schultasche jeden Abend und überlege:

Welche Stunden habe ich morgen? (Kontrolle Stundenplan)
Welche Hefte und Bücher brauche ich dafür?
Gibt es etwas Besonderes, das ich mitnehmen muss?
Habe ich alle Hausaufgaben für morgen dabei?

Alles andere nehme ich aus meiner Schultasche heraus!

Auch andere Lösungsvorschläge können richtig sein!

Station 5

Hier musst du für Ordnung sorgen!

Arbeitsauftrag: Du siehst einen überfüllten Schreibtisch. Streiche die Dinge aus, die du zum Arbeiten nicht gebrauchen kannst!

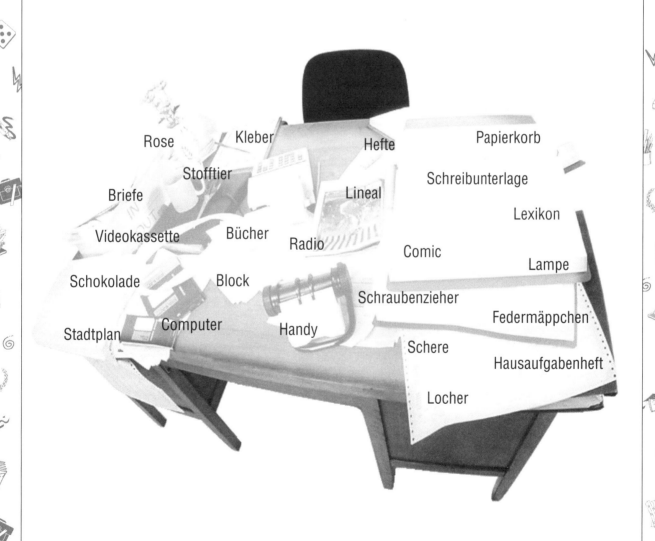

Rose · Kleber · Hefte · Papierkorb · Stofftier · Schreibunterlage · Briefe · Lineal · Lexikon · Videokassette · Bücher · Radio · Comic · Lampe · Schokolade · Block · Schraubenzieher · Federmäppchen · Stadtplan · Computer · Handy · Schere · Hausaufgabenheft · Locker

Lösung (Station 5)

Rose

Kleber

Hefte

Papierkorb

Stofftier

Schreibunterlage

Briefe

Lineal

Lexikon

Videokassette

Bücher

Radio

Comic

Lampe

Schokolade

Block

Schraubenzieher

Federmäppchen

Stadtplan

Computer

Handy

Schere

Hausaufgabenheft

Locker

Station 6

Hier geht es um deinen eigenen Arbeitsplatz!

Arbeitsaufträge:

1. Schließe deine Augen und stelle dir deinen Schreibtisch zu Hause vor!

2. Überlege dir, welche Dinge du auf deinem Schreibtisch zum Arbeiten brauchst und welche nicht!

3. Zeichne deinen Schreibtisch so, wie du ihn dir wünschst! Überlege dabei, welche Dinge du wirklich brauchst und an welchem Platz sie liegen sollen!

Mein Schreibtisch

- so wie ich ihn mir wünsche -

2.   Diese Dinge brauche ich zum Arbeiten:

_____

_____

_____

_____

3.   Mein Schreibtisch:

Lernzirkel
Konzentration
Entspannung

Lernzirkel Konzentration – Entspannung

Immer wieder klagen Schüler darüber, dass sie sich nur sehr schwer konzentrieren können. Dabei muss beachtet werden, dass sich jeder Mensch nur über eine bestimmte Zeitspanne hinweg konzentrieren kann. Beispielsweise beträgt die durchschnittliche Konzentrationsdauer eines 10–12-Jährigen 25 Minuten. Die Fähigkeit, sich längere Zeit einer Sache zu widmen, steigt mit dem Alter an. So kann sich ein 12-jähriger Schüler bereits ca. 30 Minuten lang am Stück auf eine Aufgabe konzentrieren. Um die Konzentrationsfähigkeit eines Schülers in diesem Alter länger aufrechtzuerhalten, ist es notwendig, auf Konzentrationsphasen eine Entspannungsphase von ca. fünf Minuten folgen zu lassen. Ist der Schüler zusätzlich dem Lernstoff gegenüber positiv eingestellt, so wirkt sich dies förderlich auf seine Konzentrationsleistung aus. Die angegebenen Daten sind aus der Fachliteratur entnommene Durchschnittswerte, selbstverständlich gibt es individuelle Abweichungen.

Der folgende Lernzirkel beschäftigt sich mit dieser Thematik und besteht aus jeweils drei Konzentrations- und drei Entspannungsübungen. Wichtig ist hierbei, dass Ihre Schüler immer zwischen einer Konzentrations-Station und einer Entspannungs-Station abwechseln. Die Wahl der Anfangsstation bleibt den Schülern überlassen. Um Verwechslungen zu vermeiden, sind die Stationen hierfür gut sichtbar mit einem „K" für Konzentration oder „E" für Entspannung gekennzeichnet. Lösungs-Stationen sind hier nicht vorgesehen. Mit diesem Lernzirkel erhalten Ihre Schüler einen Einblick in Konzentrations- und Entspannungsübungen. Ziel ist es, dass Ihre Schüler geeignete Maßnahmen für sich selbst entdecken und diese in ihren Lernalltag übernehmen.

Zum **Einstieg** wird von zwei Schülern ein Rollenspiel vorgeführt. Die Klasse beobachtet eine Szene, in der ein Schüler seine Englisch-Vokabeln lernen muss, jedoch Schwierigkeiten hat sich zu konzentrieren. Ständig lässt er sich von anderen Dingen ablenken. Auch die Ermahnungen der Mutter, er solle sich konzentrieren, helfen nicht. Nach einer halben Stunde ist der Schüler überzeugt, dass sich manche Menschen einfach nicht konzentrieren können.

Nach dem Rollenspiel bespricht die Klasse gemeinsam, was der Begriff „Konzentration" bedeutet, und über welche Zeitspanne hinweg man sich konzentrieren kann. Auf die Vermutungen der Schüler gibt die Folie Antwort (siehe Seite 57). Anschließend wird jeder Schüler dazu aufgefordert sich zu überlegen, in welchem Fach er sich am wenigsten konzentrieren kann. Aus den vorgegebenen „Mutmachersprüchen" sucht sich jeder Schüler einen aus und schreibt ihn auf. Im Federmäppchen dient der jeweilige Spruch als individueller Mutmacher.

Station 1 stellt eine Entspannungsübung vor. Jeder Schüler sucht sich einen Partner seiner Wahl. Jeweils ein Schüler liest seinem Partner eine Geschichte vor. Der andere Schüler liegt mit dem Rücken in entspannter Haltung auf dem Boden und lauscht der Geschichte, in der eine kleine Ameise langsam über den eigenen Körper wandert. Anschließend werden die Rollen getauscht.

Bei **Station 2** handelt es sich um ein Konzentrationsspiel. Das Spiel ist in drei Phasen gegliedert. Jeder Schüler erhält ein Blatt der gleichen Baumsorte. Die erste Aufgabe besteht darin, das Blatt eine Minute lang genau zu betrachten. In der zweiten Phase schließt jeder Schüler seine Augen und tastet das Blatt eine Minute lang nach seinen Merkmalen ab. Daraufhin hält jeder Schüler die besonderen Merkmale seines Blattes schriftlich fest. Nun werden die Blätter an einem festgelegten Ort im Klassenzimmer gesammelt. Ist der Lernzirkel beendet, hat jeder Schüler die Aufgabe, sein Blatt aus der Gesamtmenge wieder zu finden.

In **Station 3** erleben Ihre Schüler in Partnerarbeit eine Phantasiereise. Ein Schüler liest seinem Partner eine Geschichte vor. Der andere Schüler sitzt oder liegt in entspannter Haltung und lauscht der Phantasiereise. Anschließend werden die Rollen getauscht.

Station 4 lädt wiederum zur Konzentration ein. Beim Wörterdomino gilt es, die passenden Wortpaare zu finden. Ratsam wäre hier, die Wortbausteine vor der Durchführung des Lernzirkels bereits auszuschneiden, damit Ihre Schüler die Wortpaare nicht vor dem Spiel auswendig lernen können.

In **Station 5** lernen Ihre Schüler eine Übung der progressiven Muskel-Entspannung kennen. Die Muskelgruppen des Körpers werden einzeln angespannt und gehalten. Auf diese Weise entspannt sich der gesamte Körper. Hier muss wieder mit einem Partner zusammen gearbeitet werden. Einer der beiden Partner sitzt oder liegt in bequemer Haltung, der andere Partner liest in ruhigem Ton die Instruktionen vor. Anschließend werden die Rollen getauscht.

Station 6 zeigt eine weitere Konzentrationsübung. Hier besteht die Aufgabe darin, eine Anordnung von Kreisen zu verinnerlichen. Jeder Schüler hat dazu 3 Minuten Zeit. Anschließend wird die Anordnung aus dem Gedächtnis gezeichnet. Sinnvoll ist es bei dieser Übung, wenn ein Schüler die Aufgabe des Zeitnehmers übernimmt.

Materialbedarf:

Einstieg: • Dialog Rollenspiel (Anlage)
• Wecker, Schulhefte und -bücher

Station 1: –

Station 2: • Block, Schreibstift
• Blätter verschiedener Laubbäume
• Behälter für die Blätter

Station 3: –

Station 4: • Schere

Station 5: –

Station 6: • Block, Schreibstift
• Blatt
• Stoppuhr

Rollenspiel

Zu Beginn des Lernzirkels spielen zwei Schüler der Klasse eine kleine Szene vor. Die restlichen Schüler werden gebeten, aufmerksam zuzuhören.

2 Rollen:	Mutter und Kind (Veronika)
Schauplatz:	überfüllter Schreibtisch mit Wecker und Englisch-Vokabelheft

Mutter: Veronika, du musst doch noch deine Englisch-Vokabeln lernen. Ich frag dich in einer halben Stunde ab!

Kind: Ja ist gut. (*murmelt*) Immer diese blöden Englisch-Vokabeln! (*setzt sich lustlos an den Schreibtisch und schlägt das Heft auf, murmelt*) Oh Gott, das kann sich doch kein Mensch merken! (*schaut im Zimmer umher*)

Mutter: (*kommt ins Zimmer*) Na, wie läuft's?

Kind: Ich kann mir überhaupt nichts merken!

Mutter: Du musst dich konzentrieren, dann kannst du dir auch etwas merken! (*verlässt das Zimmer*)

Kind: Leichter gesagt als getan! (*liest im Heft*) Classroom heißt Klassenzimmer, pupil heißt Schüler (*betrachtet die Dinge auf seinem Schreibtisch*) Ich schaff das nie! Was heißt noch mal Klassenzimmer?

Mutter: (*kommt ins Zimmer*) Die halbe Stunde ist um, kannst du die Vokabeln?

Kind: Jetzt schon? Ich kann noch gar nichts!

Mutter: Was hast du eigentlich die letzte halbe Stunde gemacht?

Kind: Gar nichts, die Vokabeln gelernt. Manche Menschen können sich einfach nicht konzentrieren, und ich gehöre dazu!

Mutter: Sich zu konzentrieren, kann man üben! Jeder Mensch kann das lernen, auch du!

Lehrer-Schüler-Gespräch

L: Du hast die Szene bestimmt genau verfolgt. Veronika hat ein Problem.

S: Veronika kann sich nicht konzentrieren.

L: Was bedeutet eigentlich „Konzentration"?

S: …

(L zeigt Folie und liest Antwort vor)

L: Wie lange glaubst du, kann man sich konzentrieren?

S: …

L: Du siehst die Antwort auf der Folie. Erkläre!

S: Wir können uns nur 25-30 Minuten lang richtig konzentrieren, danach brauchen wir eine Entspannungspause von 5 Minuten. Anschließend können wir uns wieder gut konzentrieren…

L: Überlege dir, in welchem Fach du am meisten Mühe hast, dich zu konzentrieren! Wähle einen Mutmacherspruch aus, der dir am besten gefällt! Schreibe den Spruch auf einen Zettel und lege ihn in dein Federmäppchen! Er wird dein ständiger Begleiter sein und dir helfen.

L: Kommen wir noch einmal auf das Rollenspiel zurück. Veronika ist überzeugt, dass sich manche Menschen einfach nicht konzentrieren können.

S: Aber das kann man doch üben!

L: Damit auch du das üben kannst, lernst du jetzt ein paar Konzentrations- und Entspannungsübungen für die Pausen kennen.

Konzentration bedeutet, dass du dich einem Lernstoff eine Zeit lang mit ungeteilter Aufmerksamkeit zuwenden kannst.

Wie lange können wir uns konzentrieren?

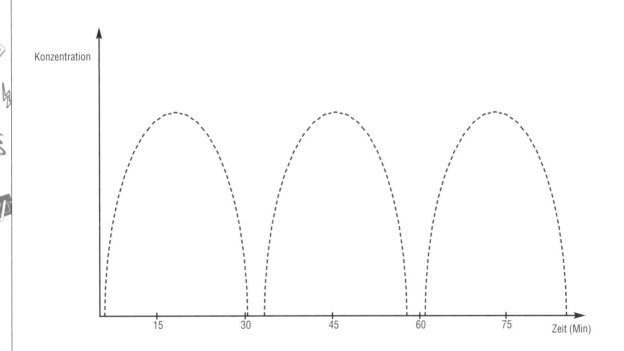

So verläuft in etwa deine Konzentrationskurve! Nach arbeitsamen, angespannten Phasen, die jeweils 25–30 Minuten dauern, solltest du immer ca. fünf Minuten Pause machen!

Mutmachersprüche

Arbeitsaufträge:

1. Überlege, in welchem Fach du am meisten Probleme hast, dich zu konzentrieren!

2. Vielleicht fällt dir auch ein toller Mutmacherspruch ein. Notiere ihn auf dem Blatt!

3. Wähle einen Mutmacherspruch aus, der dir am Besten gefällt! Schneide ihn aus und lege ihn in dein Federmäppchen!

In diesem Fach kann ich mich am wenigsten gut

konzentrieren: _____

Meine Mutmachersprüche:

Lieber zu früh anfangen, als zu spät aufhören!

Lernen kann ich lernen!

Jeder kann sich konzentrieren, auch ich!

An einem aufgeräumten Arbeitsplatz findet man einen verborgenen Schatz!

Mein selbst erfundener Spruch:

Station 1

Arbeitsauftrag: Suche dir einen Partner! Du liest deinem Partner eine Geschichte langsam und in ruhigem Ton vor. Dein Partner legt sich bequem mit dem Rücken auf den Boden, schließt die Augen und hört dir zu.

Anschließend bist du der Zuhörer und dein Partner liest dir vor!

Die kleine Ameise Fidibus

Hast du schon einmal von der kleinen Ameise Fidibus gehört? Stell dir vor, sie sitzt gerade auf deinem Kopf. Spürst du sie? Die kleine Ameise Fidibus hat große Schwierigkeiten, sich durch deine Haare zu kämpfen, du musst wissen, sie ist winzig klein. Endlich hat sie deine Stirn erreicht und kann nun ein bisschen schneller laufen. Schwuppdiewupp landet die kleine Ameise auf deiner Nase und läuft weiter über deine Oberlippe. Hier legt Fidibus eine kleine Verschnaufpause ein. Spürst du sie?

Und weiter geht's über dein Kinn. Am Hals muss die kleine Ameise vorsichtig und langsam gehen, da es steil bergab geht. Blitzschnell läuft Fidibus über deinen Brustkorb, bis sie den Bauchnabel erreicht. Erschöpft legt die kleine Ameise hier eine Pause ein. Spürst du sie? Mit neuem Elan läuft Fidibus blitzschnell über deinen Bauch und den rechten Oberschenkel hinunter. Mühsam erklimmt die kleine Ameise den Berg deiner Kniescheibe. Spürst du, wie langsam sie nur vorankommt?

Jetzt hat sie den höchsten Punkt deines Knies erreicht und saust nun wie der Wind über dein rechtes Schienbein weiter. Und noch einmal muss Fidibus einen hohen Berg erklimmen. Mühevoll und langsam steigt sie deinen Fuß empor, bis sie auf deiner rechten Zehe sitzt. Hier muss die kleine Ameise erst einmal Luft holen. Spürst du sie? Und schwups, hast du's gesehen, springt die kleine Ameise Fidibus auf den Boden und ist verschwunden.

Station 2

Arbeitsaufträge:

1. Nimm dir ein Blatt, das dir besonders gut gefällt!

2. Betrachte dein Blatt eine Minute lang genau!

3. Nun schließe deine Augen und taste dein Blatt eine Minute lang nach besonderen Merkmalen ab!

4. Welche besonderen Merkmale hat dein Blatt? Notiere:

   _____

   _____

   _____

   _____

5. Lege dein Blatt wieder zurück, wo alle Blätter gesammelt werden!

6. Kannst du dein Blatt nach dem Lernzirkel wiederfinden?

Station 3

Arbeitsauftrag:

Wähle einen Partner aus! Du liest deinem Partner in ruhigem Ton eine Geschichte vor! Dein Partner legt sich auf den Boden oder sitzt bequem auf einem Stuhl und schließt die Augen!

Anschließend liest dein Partner dir die Geschichte vor!

Der geheimnisvolle Wald

Warst du schon einmal in Wald spazieren? Wenn nicht, dann wirst du gleich erleben, was in einem geheimnisvollen Wald alles passieren kann. Schließe deine Augen und entspanne dich. Du atmest ganz tief ein und aus. Jetzt kannst du alles vergessen, was um dich herum geschieht.

Du gehst auf einer wunderschönen duftenden Wiese spazieren. Die Luft weht dir angenehm warm um die Nase. In der Ferne hörst du einen Vogel zwitschern. Ab und an rauscht ein leiser Wind durch die nahe gelegenen Baumwipfel. Das Rauschen dringt immer lauter in dein Ohr, bis dir bewusst wird, dass du dich jetzt in einem Wald befindest. Die Sonne hat sich hinter den hohen Bäumen versteckt und du hast Mühe, die Umrisse der Baumstämme klar zu erkennen. Ein lautes Knacken der Bäume lässt dich zusammenzucken. Der Wind bläst nun stärker durch die Baumwipfel und lässt ein wundersames Lied ertönen. Wenn du ganz genau hinhörst, kannst du eine Stimme wahrnehmen, die dir zuflüstert: Gehe zehn Schritte geradeaus und dann zwanzig Schritte nach rechts! Zögernd befolgst du den Ratschlag und erreichst mit einem Mal eine wunderschöne Waldlichtung. Auf der sonnigen Wiese blühen Blumen in einer vielfältigen Farbenpracht. In der Mitte der Lichtung befindet sich ein runder Stein, der beinahe wie ein Tisch aussieht. Du gehst näher und entdeckst eine alte, lederne Kiste am Fuß des Steines. Der Deckel knarrt, als du ihn öffnest. Ein heller Schein blendet deine Augen. Sobald sich deine Augen an das grelle Licht gewöhnt haben, kannst du erkennen, was sich in der Kiste befindet. Einen schöneren Schatz hast du in deinem Leben noch nicht gesehen! Du nimmst ihn mit auf deinen Heimweg.

Du bist zurück von deiner Traumreise. Dein Körper fühlt sich ganz entspannt an. Du öffnest jetzt langsam deine Augen.

Station 4

In dieser Station lernst du ein neues Spiel kennen, das Wörterdomino.

Arbeitsauftrag:

1. Lege die Wortschnipsel so auf den Tisch, dass du sie alle gut sehen kannst!

2. Bei diesem Spiel passen immer zwei Wortschnipsel zueinander.

3. Setze die Wortschnipsel zusammen, so schnell du kannst! Es darf kein Wortschnipsel übrigbleiben!

Wörterdomino

HAUS | AUFGABE	SCHREIB | ZEUG
TEXT | AUFGABE	ZEIT | PLAN
LERN | PAUSE	MITTAG | ESSEN
WOCHEN | ENDE	WOCHEN | PLAN
SCHUL | TASCHE	TÜR | SCHILD
LERN | ZIRKEL	ARBEITS | PLATZ

Wörterdomino

| KLASSEN | ZIMMER | | SITZ | HÖHE |

| SCHUL | GLOCKE | | BANK | NACHBAR |

| VOKABEL | HEFT | | LERN | KARTEI |

Station 5

Hier kannst du dich wieder entspannen.

Arbeitsauftrag: Suche dir einen Partner! Du liest deinem Partner einen Text sehr langsam und in ruhigem Ton vor. Dein Partner legt sich bequem mit dem Rücken auf den Boden und hört zu.

Anschließend tauscht ihr die Rollen!

Text zur Entspannung

Lege dich ganz entspannt auf den Fußboden. Du kannst alles vergessen, was um dich herum geschieht. Schließe deine Augen. Konzentriere dich ganz auf dich selbst.

Du spürst deine Arme, deine Beine, deinen Rücken und deinen Kopf. Atme tief ein und wieder aus. Mit jedem Atemzug fühlst du dich entspannter. Spanne jeden einzelnen Muskel in deinem Gesicht an und ziehe eine Grimasse bis ich bis fünf gezählt habe: 1-2-3-4-5. Entspanne dich wieder. Spürst du, wie sich dein Gesicht entspannt anfühlt? Balle nun deine Hände zu einer Faust und drücke die Fäuste ganz fest zusammen. 1-2-3-4-5. Öffne deine Fäuste wieder ganz langsam. Deine Hände sind jetzt ganz entspannt, spürst du den Unterschied? Spanne nun Fäuste, Arme und Schultern an und zähle bis fünf. Danach entspannst du wieder. Atme tief ein und aus. Genieße das Gefühle der Entspannung. Spanne jetzt deine Rücken- und Bauchmuskulatur fest an und zähle 1-2-3-4-5. Dein restlicher Körper liegt ganz entspannt. Lass die Spannung wieder los. Dein Oberkörper fühlt sich jetzt ganz locker an. Jetzt kommst du zur Gesäßmuskulatur. Spanne deine Po-Muskeln fest an. Noch fester! 1-2-3-4-5 und loslassen. Du spürst jetzt die Muskeln in deinen Beinen. Spanne sie fest an und zähle bis fünf. Danach entspannst du wieder. Spürst du, wie locker deine Beine sind? Du spannst noch einmal deine Beine an mit den Füßen und Zehen. Fester! 1-2-3-4-5 und locker lassen. Nun spannst du jeden Muskel noch einmal an: dein Gesicht, Fäuste, Arme, Schultern, Rücken, Brust, Gesäß, Beine und deine Füße. Noch fester! 1-2-3-4-5 und loslassen.

Dein ganzer Körper ist jetzt völlig entspannt. Genieße das Gefühl. Atme tief ein und wieder aus. Jetzt öffnest du deine Augen.

Station 6

Arbeitsauftrag:

1. Suche dir einen Partner

2. Lege dir ein Blatt und einen Stift bereit!

3. Betrachte die Kreise drei Minuten lang! Dein Partner schaut auf die Uhr.

4. Drehe das Blatt um und zeichne die Kreise in der gleichen Anordnung nach!

5. Vergleiche deine Zeichnung mit der Vorlage, wie viele Fehler kannst du entdecken?

6. Nun kommt dein Partner an die Reihe und du schaust auf die Uhr!

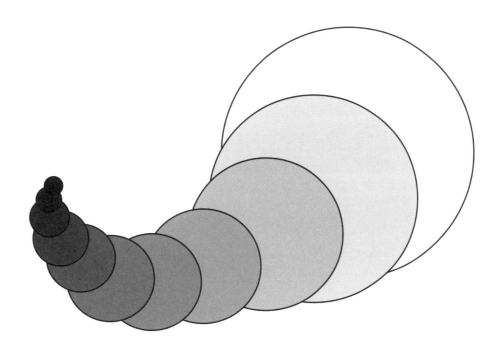

Kreise

Lernzirkel
Gedächtnisförderung

Lernzirkel Gedächtnisförderung

Oftmals verfügen Schüler nur über ein begrenztes Repertoire an Lernmethoden und haben erhebliche Schwierigkeiten, sich einen Lernstoff längerfristig zu merken. Jeder Mensch hat bestimmte Lernwege, die er bevorzugt und über die er am effektivsten lernen kann. Um nun unseren Schülern beizubringen, wie sie am besten lernen können, gilt es zunächst, den individuellen Lerntyp herauszufinden.

Experten unterscheiden zwischen dem auditiven, dem visuellen und dem handlungsorientierten Typ. Man lernt also über die Sinneswahrnehmungen Sehen und Hören, und über die praktische Tätigkeit. Die meisten Menschen sind sogenannte Mischtypen, die je nach Tagesform, Lernsituation oder Lernstoff zu einem bestimmten Wahrnehmungskanal tendieren. Grundsätzlich kann von folgendem Zusammenhang ausgegangen werden. Je mehr Sinneskanäle angesprochen werden, desto höher ist die Wahrscheinlichkeit, das Erlernte langfristig zu behalten.

Hier eine kleine Übersicht:

Sinneskanal	Behalten	Vergessen
Lesen	10%	90%
Hören	20%	80%
Sehen	30%	70%
Hören und Sehen	50%	50%
Selbst darüber sprechen	70%	30%
Selbst ausprobieren	90%	10%

Im folgenden Lernzirkel soll Ihren Schülern zunächst bewusst werden, welcher individuelle Lerntyp sie sind. Anschließend lernen die Kinder unterschiedliche Lernmethoden kennen und probieren diese aus. Ziel ist es, dass Ihre Schüler geeignete Lernmethoden für sich finden und diese auch in der Schule und zu Hause anwenden können.

Zum **Einstieg** dient ein Fragebogen zur Lerntypenbestimmung. Unterschieden werden hier die Lerntypen „Hören", „Lesen" („Sehen") und „Schreiben" („Handeln"). Jeder Schüler erhält einen Fragebogen, den es zu bearbeiten gilt. Die Aufgabe besteht darin, 12 vorgegebene Sätze zu bewerten. Anhand der zum Schluss ermittelten Punkteanzahl können Ihre Schüler erkennen, welcher Lernweg für sie am ergiebigsten ist. Um einen hilfreichen Überblick über die individuell gewählten Lernwege Ihrer Schüler zu erhalten, ist es ratsam, die Fragebögen anschließend einzusammeln. Somit erhalten Sie zusätzlich wichtige Informationen für mögliche Differenzierungsmaßnahmen.

In **Station 1** lernen Ihre Schüler eine Methode kennen, wie sie Texte leichter verstehen und behalten können. An einem vorgegebenen Text wird dieses Leseverfahren ausprobiert. Selbstverständlich können Sie auch einen anderen Text, entsprechend Ihrer Jahrgangsstufe, ihrem Fach und Thema verwenden.

Station 2 dient dem Gedächtnistraining durch ein Lernplakat. Lernstoff, der von Ihren Schülern nur schwer behalten wird, soll hier visualisiert werden. Bilder, Pfeile, Logos, Abbildungen von Stars (Musik, TV, Sport etc.) mit Sprechblasen lassen die Plakate interessant und anschaulich werden. Das Lernplakat eignet sich für alle Unterrichtsfächer, den Lerninhalt geben Sie Ihren Schülern vor.

In **Station 3** erhalten Ihre Schüler Tipps und Tricks zum Vokabellernen. In der 5. Jahrgangsstufe werden Schüler erstmals mit der Aufgabe konfrontiert, Vokabeln, beispielsweise in Englisch, zu lernen. Da der Fremdsprachenunterricht auf einer kontinuierlichen Erweiterung des Wortschatzes basiert, kommt dem Transfer der Vokabeln in das Langzeitgedächtnis eine zentrale Stellung zu. Um dieses Ziel zu erreichen, sind geeignete Lernstrategien und mehrmalige Wiederholungen notwendig. Die Vorlage mit Tipps und Tricks zum Vokabellernen sollen Ihre Schüler zu Hause selbst ausprobieren. Ein Erfahrungsaustausch im Unterricht erscheint hier sinnvoll. Im Lernzirkel selbst lernen Ihre Schüler das sogenannte „Vokabel-Memory" kennen. Hierzu werden eigenständig Spielkarten erstellt und das Spiel anschließend durchgeführt.

In **Station 4** basteln Ihre Schüler eine Lernkartei und erfahren, wie sie mit dieser Methode lernen können. Die Lernkartei kann als Vokabeltrainer, oder auch als Rechtschreibtrainer verwendet werden.

Station 5 stellt die sogenannte „Memo-Technik" dar. Diese Strategie soll dabei helfen, Texte besser zu behalten, und sie in der richtigen Reihenfolge wiedergeben zu können. Die Aufgabe besteht darin, zu einem Text Stichpunkte auf Zettel oder Kärtchen zu schreiben und sie nach einer bestimmten Reihenfolge im Zimmer zu verteilen. Dabei merkt sich jeder Ihrer Schüler, an welchem Ort er welches Wort hinterlegt hat. Als Vorlage dient ein Text zum Thema „Natur im Jahreslauf". Selbstverständlich können Sie auch jeden anderen Text als Vorlage wählen.

In **Station 6** werden Ihre Schüler mit der Methode des „Clustering" vertraut gemacht. Erfahrungsgemäß haben Schüler Schwierigkeiten, einen Aufsatz in Stichpunkten vorweg zu planen. Um nichts Wesentliches zu vergessen und die richtige Reihenfolge einzuhalten, erweist sich die Methode eines Clusters als sinnvoll. Diese Methode zählt zu den kreativen Arbeitstechniken und lässt Ihre Schüler auf die vielfältigsten Ideen kommen. Cluster lassen sich auch in anderen Bereichen hilfreich verwenden, sie können bei Referaten als Gedächtnisstütze dienen oder auch zur Gliederung eines Lernstoffs.

Materialbedarf:

Einstieg: • Block, Schreibstift

Station 1: • Block, Schreibstift
- Wörterbuch
- Lineal
- Farbstifte

Station 2: • Block, Schreibstift
- Lineal
- Farbstifte
- Schere und Klebstoff
- Plakatkarton
- Starfotos bzw. -poster aus Jugendmagazinen

Station 3: • Block, Schreibstift
- eigenes Vokabelheft
- Kassettenrekorder
- Farbstifte
- Schere und Klebstoff

Station 4: • mehrere Blätter DIN A4 Papier
- Block, Schreibstift
- Schere und Klebstoff
- Tacker
- Lineal
- Plakatkarton (ca. 40 cm x 34 cm)

Station 5: • Block, Schreibstift
- mehrere kleine Zettel

Station 6: • Block, Schreibstift
- Lineal

Welcher Lerntyp bin ich?

Arbeitsauftrag: Entscheide, ob du auf folgende Arten viel, mittel, oder wenig im Gedächtnis behalten kannst! Kreuze an!

	viel	mittel	wenig
1. Ein Mitschüler erzählt mir, was wir gelernt haben.	◯	◯	◯
2. Ich lese mir einen Text mehrmals durch.	◯	◯	◯
3. Wir schauen uns im Unterricht einen Film an.	◯	◯	◯
4. Ich schreibe die Englisch-Vokabeln mehrmals ab.	◯	◯	◯
5. Der Lehrer erklärt etwas.	◯	◯	◯
6. Zum besseren Verständnis fertige ich eine Skizze an.	◯	◯	◯
7. Ich schreibe mir zu einem Text Stichwörter ins Heft.	◯	◯	◯
8. Meine Englisch-Vokabeln lese ich öfter durch.	◯	◯	◯
9. Ich stelle mir den Lernstoff bildlich vor.	◯	◯	◯
10. Liedertexte lerne ich auswendig.	◯	◯	◯
11. Ich rechne Mathematikaufgaben schriftlich.	◯	◯	◯
12. Jemand liest mir einen Text vor.	◯	◯	◯

Auswertung:

Übertrage die jeweilige Zahl (wenig=1, mittel=2, viel=3) für die jeweiligen Kästchen:

Lerntyp *Hören*	Nr.1+Nr.5+Nr.10+Nr.12	= ____
Lerntyp *Lesen (Sehen)*	Nr.2+Nr.3+Nr.8+Nr.9	= ____
Lerntyp *Schreiben (Handeln)*	Nr.4+Nr.6+Nr.7+Nr.11	= ____

Die höchste Punktzahl zeigt dir, welcher Lerntyp du bist!

Wenn du in zwei oder sogar in allen drei Sparten ähnlich hohe Werte hast, bist du ein sog. „Mischtyp"!

Station 1

Hier erfährst du, wie du einen Text so lesen kannst, dass er dir lange im Gedächtnis bleibt!

Arbeitsaufträge:

1. Überfliege den Text und schlage alle Wörter, die du nicht kennst, im Wörterbuch nach!

2. Überlege dir, was du bereits zum Thema weißt! Notiere dir Fragen zum Text!

3. Lies den Text gründlich! Unterstreiche mit Lineal, was dir wichtig erscheint. Male Bilder zum Text!

4. Lies dir den ersten Abschnitt noch einmal durch und notiere das Wichtigste in deinen eigenen Worten! Bearbeite so den ganzen Text! Versuche nun deine Fragen aus Nr. 2 schriftlich zu beantworten!

5. Nun kannst du den Gesamtzusammenhang herstellen. Überprüfe deine Notizen und vervollständige sie, wenn nötig!

Mein Lese-Arbeitsblatt

Meine Fragen zum Text:

_____

_____

_____

_____

Meine Bilder zum Text:

Das finde ich wichtig in jedem Abschnitt:

_____

_____

_____

_____

Die Antwort auf meine Fragen:

_____

_____

_____

_____

Auf frischer Tat ertappt!

Aufmerksame Urlaubsreisende bemerkten einen Mann, der einen kleinen Hund an einer Autobahnausfahrt aussetzen wollte. Der 40-jährige Familienvater stellte einen jungen Dalmatinerrüden in einem Pappkarton ab. „Uns kam der Mann gleich verdächtig vor", berichtet Sven K., der mit seiner Familie in Richtung Süden unterwegs war. „Meine Frau notierte sich gleich die Autonummer, als der Typ einen Karton hinter einer Hecke abstellte. Zuerst glaubten wir, dass er ein Umweltsünder ist." Die traurige Wahrheit entdeckten die Urlauber erst, als sie sich dem Karton näherten: Ein leises Winseln verriet, dass kein Müll im Karton war.

Einen Tag später konnte die Polizei den Übeltäter ausfindig machen. „Wir wollten morgen nach Spanien fahren", meinte der sichtlich betroffene Tierquäler. „Für den Hund wäre es dort sowieso zu heiß geworden, und wer hätte in der Zwischenzeit auf ihn aufgepasst? Außerdem war das Vieh ein kleines Monster. Es hat unsere ganzen Schuhe angefressen und in die Wohnung gepinkelt. Obwohl meine Tochter vor ihrem Geburtstag versprochen hat, sich um den Hund zu kümmern, spielt sie jetzt lieber mit dem Computer. Ich hab' auch keine Zeit – ich muss ja arbeiten!" Der „Hundeteenager" wartet jetzt in einem Tierasyl auf bessere Zeiten und Besitzer.

Station 2

Hier erfährst du einen Trick, wie du dir Lernstoff leichter merken kannst! Du brauchst dazu deinen Block, Bleistift, Plakatkarton, Filzstifte, Lineal, Bilder von deinen Stars und Klebstoff!

Arbeitsauftrag:

1. Fasse den Lernstoff auf deinem Block in Stichpunkten zusammen!

2. Veranschauliche die Stichpunkte mit Pfeilen und Bildern!

3. Übertrage deine Skizze auf dein Plakat und gestalte es bunt!

4. Klebe Bilder von deinen Stars dazu, mit Sprechblasen kannst du sie etwas sagen lassen!

Station 3 (1.Teil)

Hier erfährst du Tipps und Tricks, wie du dir Vokabeln besser merken kannst! Probiere die Tipps und Tricks zu Hause aus!

1. **Die goldene Regel:**

- Lerne pro Tag höchstens 30 neue Wörter!

- Lerne immer nur 10 Wörter am Stück und lege dann eine Pause ein!

- Wiederhole deine Vokabeln innerhalb einer Woche noch einmal!

2. **Der Trick mit dem Kassettenrekorder:**

Du brauchst dazu einen Kassettenrekorder, mit dem du deine Stimme aufnehmen kannst, dein Vokabelheft und ein Blatt! Und so funktioniert es:

a) Aufnahme: Sprich das englische Wort deutlich und denke dir anschließend still 2x das deutsche Wort. So nimmst du die ersten 10 Vokabeln auf!

b) Abhören: Lies das englische Wort mit und sprich das deutsche Wort laut!

c) Decke die linke Seite der Vokabeln mit dem Blatt ab! Höre das englische Wort und spreche und lese das deutsche Wort.

d) Nun deckst du beide Seiten ab! Sprich das deutsche Wort und kontrolliere gleich in deinem Heft!

e) Gehe vor wie bei d), kreuze nicht gewusste Wörter an und schreibe sie anschließend!

3. **Der Mal-Trick:**

Zeichne ein Bild zu einer schwierigen Vokabel!

Station 3 (2.Teil)

Hier lernst du ein neues Spiel kennen, das „Vokabel-Memory"!

Arbeitsauftrag:

1. Schreibe vorne auf die Kärtchen das englische Wort, hinten das entsprechende deutsche Wort!

2. Suche dir einen oder mehrere Mitspieler!

3. Verteile die Karten auf dem Tisch so, dass du nur die deutschen Wörter sehen kannst!

4. Nun kann es losgehen! Spreche das deutsche Wort laut und überlege, wie es auf englisch heißt. Kontrolliere auf der Rückseite! Hast du die richtige Lösung gefunden, gehört die Karte dir!

5. Nun sind deine Mitspieler an der Reihe!

Vokabelmemory

hier falten!

Rückseiten zusammenkleben!

Station 4

Hier kannst du deine eigene Lernkartei anfertigen und erfährst, wie du damit am besten lernen kannst!

Arbeitauftrag:

1. Bastle deine eigene Lernkartei (Auf der nächsten Seite findest du eine Bastelanleitung.)!

2. Lies die Gebrauchsanweisung sorgfältig durch! Du brauchst sie später!

Gebrauchsanweisung:

1. Du hast deine Lernkartei bereits gebastelt und brauchst nun Kärtchen, um die Schachtel zu füllen. Falte ein DIN A4-Blatt dreimal entlang der Mitte und schneide es jeweils im Knick auseinander. So erhältst du acht gleich große Kärtchen.

2. Beschrifte die Kärtchen – kontrolliere, ob du richtig geschrieben hast!

3. Alle neuen Kärtchen kommen zuerst in Fach 1!

4. Kontrolliere dich selbst oder lass dich abfragen. Sinnvoll ist auch, wenn du deine Lösungen notierst!

5. Ist deine Lösung richtig, wandert die Karte in Fach 2!

6. Ist die Lösung falsch, bleibt die Karte in Fach 1!

7. Beim nächsten Mal versuchst du die Karten von Fach 2 in Fach 3 zu bekommen, die Karten von Fach 1 in Fach 2!

8. Kannst du eine Karte nicht richtig beantworten, kommt sie immer in Fach 1 zurück!

9. Ziel ist es, alle Kärtchen in Fach 5 zu bekommen! Hier kannst du die Karten aus dem Spiel nehmen, sie sind jetzt fest in deinem Gedächtnis!

Lernkartei-Bastelanleitung

Du brauchst: Einen Plakatkarton ca. 40cm x 34cm, Schere, Tacker, Klebstoff, Bleistift und ein Lineal.

Arbeitsauftrag:

1. Zeichne auf deinen Karton ein Rechteck mit den Maßen 40cm x 21cm und schneide es aus!

2. Übertrage die restlichen Maße auf dein Rechteck!

3. Beachte die Zeichenerklärung, sie zeigt dir genau, was du tun sollst!

4. Nun schneide die 4 Trennwände zurecht (je 13cm x 5cm)!

5. Hefte die Seiten- und Trennwände mit dem Tacker! Bleibt dir zu wenig Platz zum Heften, kannst du auch kleben!

Rechteck:

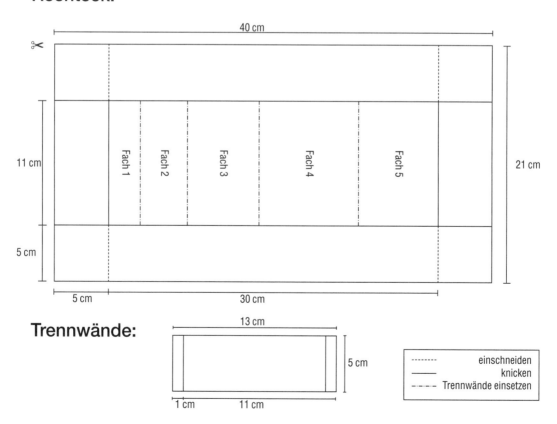

Trennwände:

Station 5

Hier erfährst du, wie du dir die Inhalte eines Textes in der richtigen Reihenfolge besser einprägen kannst!

Arbeitsauftrag:

1. Lies den Text sorgfältig durch!

2. Schreibe dir zu jedem Abschnitt höchstens drei Stichwörter auf einen eigenen kleinen Zettel!

3. Wenn du alle Zettel geschrieben hast, dann lies dir deine Stichpunkte nach der Reihe noch einmal durch! Kannst du dich noch erinnern, was in den Abschnitten vorkam?

4. Zu Hause könntest du nun deine Zettel der Reihe nach in deinem Zimmer verteilen. Dabei ist wichtig, dass du dir genau merkst, an welchen Platz du welches Stichwort legst!

5. Schau dich im Klassenzimmer um und überlege dir, wo du hier deine Zettel hinlegen würdest! Stell dir deine Zettel mit den Stichpunkten der Reihe nach vor und versuche so, jeden Abschnitt des Textes zu wiederholen!

Unser Teich droht zu ersticken!

Nach der langen, warmen Zeit im Mai und im Juni musste die Patengruppe unseres Teiches feststellen, dass das Pflanzenwachstum stark zugenommen hatte. Fast der gesamte Wasserbereich war inzwischen zugewuchert. Das Wasser war grünbraun verfärbt, trübe und roch modrig-faulig. Ein Experte riet, die Pflanzen zum größten Teil auszureißen und evtl. das Wasser mit einer Pumpe zu bewegen und durchzumischen.

Was ist hier los? Wenn es einem Gewässer schlecht geht, zeigt sich dies manchmal durch starkes Pflanzenwachstum. Aber Pflanzen wachsen nicht nur und erzeugen Sauerstoff. Sie sterben auch ab und müssen abgebaut werden, je mehr Pflanzen, desto mehr abgestorbene Pflanzen.

Die Lebewesen, die die abgestorbenen Pflanzen zersetzen und aufarbeiten, verbrauchen dabei Sauerstoff. Auch sie vermehren sich gut, es gibt ja viel zu tun. Gleichzeitig wird es mit einem dichten Pflanzenbewuchs dunkler im Wasser. Das Wasser erwärmt sich schneller. Und was ist die Folge?

Andere Kleinlebewesen können dagegen ohne oder mit einem Minimum an Sauerstoff auskommen. Sie produzieren dabei Faulgase, die übel riechen und auf die anderen Lebewesen giftig wirken. Die Folgen kannst du dir leicht denken.

Station 6

Hast du schon einmal mit einem „Cluster" bzw. einer „Mind-Map" gearbeitet? Hier erfährst du, wie das funktioniert. Mit dieser Technik kannst du sehr gut deinen Lernstoff planen, Aufsätze gliedern und Referate vorbereiten.

Arbeitsauftrag:

1. Betrachte die Bildergeschichte genau!

2. Schreibe in den mittleren Kreis die Kernaussage der Bildergeschichte! Du kannst auch schon eine Überschrift formulieren!

3. Das Cluster ist eine Ideensammlung. Schreibe deine Ideen zur Bildergeschichte in Kreise und verbinde sie mit einem Strich zur Kernaussage! Auf deinem Blatt sind schon einige Kreise vorgezeichnet, zeichne diese weiter!

4. Hast du eine ganz neue Idee, so fange einen neuen Zweig mit Kreisen an!

5. Bist du am Ende deiner Ideensammlung, überprüfe noch einmal, ob du etwas hinzufügen oder streichen möchtest! Nun kannst du die Zweige entweder durchnummerieren oder gewichten. Fertig ist dein Cluster!

Bildergeschichte

Mein Cluster

Literaturtipps

1) Endres, W. / Bernard, E.: So ist Lernen klasse,
   Kösel Verlag, München, 1989.

2) Endres, W.: So macht Lernen Spaß,
   Beltz Verlag, Weinheim und Basel, 1993.

3) Miller, R.: Lernwanderung,
   Beltz Verlag, Weinheim und Basel, 2001.

4) Van der Gieth, H-J.: Lernzirkel – Die neue Form des Unterrichts,
   Buch Verlag Kempen, Kempen, 2001.

5) Knoblauch, J.: Lernstress ade!,
   R. Brockhaus Verlag, Wuppertal und Zürich, 1994.

6) „Lernen lernen", Unterrichtsprojekt am Bergstadt-Gymnasium
   Lüdenscheid, Lüdenscheid, 2000.

7) Lernen lernen, Focus Nr. 43, 21. Oktober 2002.

8) Klein, Hirmer, Paul: Lernen lernen. Gut sein durch richtige
   Lerntechniken, CARE-LINE, Neuried, 1996.